Index

Index

Index

Index

www.ingramcontent.com/pod-product-compliance
Lightning Source LLC
Chambersburg PA
CBHW031235280526
45784CB00004B/1581
9781088738658